NOTICE

SUR LE

MONASTÈRE SAINT-ANTOINE DES FEUILLANTS,

A BORDEAUX.

PUBLICATIONS ARCHÉOLOGIQUES

DU MÊME AUTEUR.

— ◄◉► —

*Essai historique et archéologique sur l'Église Cathé-
drale Saint-André, à Bordeaux.* — in-8.°, 15
feuilles.

*Recherches sur les Bénéficiers et sur l'Église Saint-
Michel, à Bordeaux.* —in-8°, 5 feuilles.

*Note sur les changements survenus dans l'état de l'Église
Saint-Seurin, à Bordeaux et sur son Clergé.*
in-8°, 3 feuilles.

L'abbé Beaurein, sa vie, ses écrits. — in-12, 7 feuilles.

Jouannet, sa vie et ses écrits. — in-4.°, 2 feuilles.

*Choix des types les plus remarquables de l'Architecture
au Moyen-Age, dans le département de la
Gironde,* avec gravures à l'eau-forte, par Léo
DROUYN, gr. in-f.°, 15 feuilles.

*Essai de Complément de la Statistique du département
de la Gironde* (en collaboration avec M. G.
BRUNET). — in-8.°, 18 feuilles.

Fragments archéologiques. — in-8.°, 5 feuilles.

Notice sur l'Église de Saint-Macaire. — in-8.°, demi-
feuille.

*Comptes-Rendus des travaux de la Commission des
Monuments historiques.* (Six brochures, en collaboration avec M. RABANIS), gr. in-8.°

NOTES HISTORIQUES

SUR

LE MONASTÈRE

DE S. ANTOINE DES FEUILLANTS

A BORDEAUX,

Par L. de Lamothe.

—◉—

BORDEAUX.

PAUL CHAUMAS, LIBRAIRE,

FOSSÉS DU CHAPEAU-ROUGE, 34.

—

1846.

BORDEAUX.

IMPRIMERIE DE TH. LAFARGUE, LIBRAIRE,

Rue Puits de Bagne-Cap, 8.

NOTES HISTORIQUES

MONASTÈRE

DE SAINT-ANTOINE DES FEUILLANTS

A BORDEAUX.

Lopes, qui écrivait en 1668, a présenté, dans un chapitre
de l'histoire de l'église Saint-André à Bordeaux, un dénom-
brement des monastères d'hommes et de femmes qui exis-
taient alors dans cette ville. Les couvents d'hommes étaient
au nombre de seize ; c'étaient les Bénédictins, les Jacobins,
les Cordeliers, les Carmes, les Augustins, Notre-Dame de
là Merci, les Feuillants, les Minimes, les Récollets, les
Capucins, les Carmes déchaussés, les Chartreux, trois maisons
appartenant aux Jésuites, la Commanderie de Malte. On
comptait neuf couvents de femmes : l'Annonciade, Sainte-
Ursule, deux maisons de Carmélites, Notre-Dame, Sainte-
Catherine, la Visitation, la Magdelaine, les Orphelines.

Ces divers asiles subsistèrent jusqu'à la révolution, c'est-
à-dire jusqu'à la loi du 13 Février 1790, qui abolit les vœux
monastiques et déclara les biens des couvents propriété
nationale. Aujourd'hui, la vie éteinte de ces institutions,
qui occupèrent une si grande place dans la Société d'autrefois, les a fait entrer dans le domaine de l'histoire, et la
reconstitution de leur passé est presque toujours une page
importante de l'histoire locale ; mais, pour une ville comme

Bordeaux, un pareil travail, qui exigerait l'exploration de tous les documents relatifs aux couvents, offre une tâche immense. Le dépôt des archives départementales possède en effet 386 registres et 299 liasses; et les archives de la Mairie, celles de l'Archevêché, quoique moins riches pour les documents de ce genre, en renferment encore une assez grande quantité.

Cette indication sommaire suffit pour faire apprécier l'étendue du travail que nous considérons. On ne sera donc pas étonné, si nous nous sommes borné en ce moment à explorer un point isolé, en étudiant seulement, à Bordeaux ou dans leurs dépendances qui appartinrent au département, l'état du monastère des Feuillants et celui du couvent de St-Antoine, qui l'avait précédé. Restreinte dans ces limites, la tâche que nous avons en vue est encore assez étendue; car elle comporte l'examen de vingt liasses ou cartons, et celui de vingt-quatre registres (1), sans mentionner quelques documents déposés aux archives de l'Archevêché et à celles de la Mairie.

---

(1) Voici un détail sommaire de ces registres, d'après les relevés faits par M. Gras, archiviste du département.

Terriers, comprenant les titres des prieurés de Barp, de St-Martin, du Meney en Médoc, de Bellefont et de Bordeaux et sa banlieue, 1458-1759 8

Actes capitulaires du Couvent, 1599-1682..................... 1

Copie de divers actes du monastère et des fiefs de Coley en Médoc. 2

Mémoires produits dans divers procès; catalogues des fondateurs et charges du Monastère; inventaire des titres de la maison noble de Seignan, 1611-1738........................... 3

Lièves comprenant les rentes, dîmes, fondations, obits, agrières, droits féodaux et autres devoirs, dont jouissait le Monastère, 1651-1784 10

24

Les archives de la Mairie contiennent un fort registre in-folio,

1.° MONASTÉRE SAINT-ANTOINE.

Au douzième siècle, une terrible maladie ravageait la France et l'Allemagne : le *feu de saint Antoine* ou *mal des ardents*, dont la nature n'est pas bien connue, mais que l'on croit consister dans une espèce d'érysipèle ou de charbon pestilentiel. Le soin des personnes atteintes de cette maladie fut le but de la fondation de l'Ordre hospitalier des Antonins ou Antonistes, qui prit naissance en Dauphiné, d'où il se ramifia, sous la forme de Commanderie, dans un grand nombre de localités, et qui subsista jusqu'en 1776, époque où le pape Pie VI, par une bulle du 17 Décembre, en prononça la suppression. Le 30 Mai 1777, l'Ordre de Malte fut mis en possession de tous les biens des Antonins.

Nous ignorons l'époque précise où cet ordre vint s'établir dans la Gironde. La plus ancienne mention que nous trouvions de son existence nous est fournie par les Rôles gascons *An. dom.* 1284, *de protectione Regis præceptori et fratribus hospitalis sancti Antonii de Ponte Aurato* (Pondaurat, dans le canton d'Auros), *data apud Bathoniam* (Bath.), 3 *die Januarii* (1).

L'Ordre de saint Antoine existait donc dans le diocèse de Bazas, à Pondaurat, dès la fin du 13.ᵉ siècle ; l'église paroissiale actuelle était la chapelle de ce monastère.

---

qui fit aussi autrefois partie des papiers des Feuillants ; il est intitulé : Inventaire général des titres, documents, terriers, lièves, baillettes, exportes, reconnaissances, transactions, acquisitions, aliénations et autres contrats et procédures concernant les droits, honneurs et revenus temporels du Monastère de Saint-Antoine des Feuillants de Bordeaux et de ses annexes et dépendances, commencé le 28 Aoust 1649 et fini le 15 Mai 1650, par Bertrand Leobon.

(1) *Rôles gascons.*

Trois communes du département, qui ont conservé le nom de saint Antoine, et qui dépendent l'une du canton de Saint-André-de-Cubzac, la deuxième de celui de Pellegrue, la troisième du canton de Coutras, ne doivent leurs dénominations qu'à l'existence sur leur territoire de Commanderies de cet ordre.

Enfin, dans la paroisse de Saint-Selve, l'Ordre de saint Antoine posséda aussi une Commanderie, au lieu dit la Palomière ; c'est de ce dernier établissement que prit naissance celui de Bordeaux. Nous trouvons l'origine de celui-ci retracée dans un titre du 15.ᵉ siècle. Selon ce document, les Seigneurs de l'île Saint-Georges étaient patrons et fondateurs de la Commanderie de la Palomière ; les troubles qui avaient agité le pays avaient empêché l'achèvement de la chapelle dont les murs seulement avaient été élevés, mais qui n'avait pu être couverte. « Le Commandeur se retira alors vers les patrons-fondateurs et d'un commun accord, ils résolurent de faire bâtir un autre hôpital et chapelle de Saint-Antoine dans la ville de Bordeaux, et que le Commandeur y demeurerait ou à la Palomière, ainsi qu'il lui plairait, en laissant un substitut en son absence, en sorte que l'une ni l'autre des deux chapelles ne se réunissent, ce que l'abbé de Saint-Antoine de Vienne aurait fait approuver par le rapporteur, et lui-même l'approuva......., donnant le droit de présentation des dites chapelles au Commandeur d'Aubeterre, avec charge que la chapelle de la Palomière sera chef de celle de Bordeaux et celle de Bordeaux fille de celle de la Palomière, et porte que chaque nouveau Commandeur de Saint-Antoine de Bordeaux doit prendre possession dans la première, à peine de nullité de sa prinse de possession. C'est pourquoi ledit frère Pierre Duranssé requiert ledit patron le mettre en possession à la Palomière, offrant payer les susdits trente francs bordelais pour réparer ladite chapelle de la Palomière que ses prédécesseurs avaient négligée ».

L'acte, dont nous extrayons ces lignes, est daté du 3

Novembre 1464. Les faits narrés dans cette pièce devaient se passer vers le commencement du 14.ᵉ siècle ; car une transaction du 4 Novembre 1352 nous fait connaître les suites de l'installation qui avait eu lieu naguère à Bordeaux. Le chef des Commanderies de Saint-Antoine, situées dans les diocèses de Bazas, de Périgueux et de Sarlat, venait de faire ériger une chapelle et enclore un cimetière à Bordeaux, dans la paroisse de Ste-Eulalie, dont le Chapitre de St-André était curé primitif. Ce corps, fier de ses privilèges, soutenait ou que la chapelle, érigée sans son autorisation, devait être rasée, ou que les profits qui en découlaient devaient lui être adjugés. Après de longues et vives contestations portées devant le Saint-Siège, la transaction que nous venons de citer fut signée entre les plaidants ; elle stipule les dispositions suivantes :

« Frère Guillaume de Lescurie, Commandeur de Queyes en Bazadais, et procureur spécial fondé de Dom Delmayen, supérieur de toutes les Commanderies de Saint-Antoine, des diocèses de Bordeaux, de Bazas, de Périgueux et de Sarlat, promet et s'oblige de payer, à perpétuité, à raison de ladite chapelle et cimetière, de pension annuelle audit Chapitre, trente livres bordeloises (qui reviennent à dix-huit de la monnoie ordinaire), payables la moitié à Pâques et la moitié à Saint-Michel, et au surplus est convenu, pour tous ceux qui décèderaient dans le monastère, que ledit Chapitre ou le Vicaire de Ste-Eulalie ne prendront aucune part aux droits funéraux, mais que de tous les autres, tant de la paroisse Sainte-Eulalie, que des autres paroisses qui dépendent de Saint-André, même des serviteurs du monastère, ils auraient la portion canonique. Plus était accordé que ledit Commandeur et ses religieux ne pourraient administrer les Sacremens ecclésiastiques qu'aux malades de l'hôpital et à leurs serviteurs, plus que lesdits religieux se rendraient aux processions tant ordinaires qu'extraordinaires, s'ils y étaient appelés, en suivant le Chapitre......, plus est accordé que, si ladite chapelle et cimetière avaient besoin d'être agrandis, que lesdits religieux ne pourraient agrandir sans le consentement dudit Chapitre, et que, si le Vicaire de Sainte-Eulalie ou quelque autre demandait quelques droits, que ledit Chapitre serait obligé d'en garantir lesdits religieux ».

Cette transaction fut homologuée judiciairement par l'official, le samedi 4 Novembre 1352.

Indépendamment de la Commanderie de la Palomière, les Feuillans jouirent plus tard d'une annexe connue sous le nom du *Bigar*, et située dans la paroisse de Bommes. Une enquête faite le 28 Mai 1532, devant le juge de la prévôté de Barsac, apprend que, *de temps immémorial*, le Commandeur des maisons de Bordeaux et de la Palomière était dans l'usage de percevoir, tant dans ces chapelles que dans celle du Bigar, les offrandes, vœux, obligations. « Cette chapelle, dit le même acte, aurait été réparée à neuf, cinquante ans auparavant, aux frais du Commandeur ».

Le laborieux abbé Baurein a publié en 1758 (1), quelques détails relatifs à l'hôpital de St.-Antoine. « Ramond Guersin, dit-il, était Commandeur de ce monastère en l'année 1383. Jean de Puyolio prenait cette qualité en 1436. Il donna quittance par devant Paluderii, notaire, de la somme de cinquante sols bordelois, que Gaillard de Sens avait laissé par testament à cet hôpital. Il est qualifié dans cette sentence : *Præceptor hospitalerius hospitalis Sancti Antonii Burdigalæ* ».

Le même auteur cite une sentence de l'official de Bordeaux, du 6 Septembre 1458, d'après laquelle on prêtait serment dans la chapelle de St-Antoine, sur les reliques qu'on exposait sur l'autel. Un ancien règlement municipal concer-

---

(1) Affiches et avis divers concernant la ville de Bordeaux.

nant les sergents confirme l'existence de cet usage : « Si aucun sergent mène aucun qui soit prisonnier ès lieux de Saint-
Seurin, Saint-Antoine, Saint-Maumolin, pour faire aucun
serment, prendra deux sols bordelois ».

Les mêmes Statuts de Bordeaux apprennent que le Commandeur de cet hôpital « peut tenir, hors des temps de
peste, deux pourceaux qui vont par la ville. Ces animaux
seront pourvus d'une clochette ; et, s'il en possède plus de
deux, il payera cent sols d'amende ».

D'après des conventions passées avec la fabrique de Saint-
Michel, les religieux de Saint-Antoine faisaient quêter dans
cette église les jours de Dimanches et de fête, sous la condition du don d'un chevreau au jour de Pâques (1).

Les religieux de Saint-Antoine occupèrent le monastère
de Bordeaux jusque vers la fin du 16.ᵐᵉ siècle ; mais les
documents que nous avons pu consulter nous laissent dans
l'ignorance sur les causes de leur disparition. Nous trouvons
seulement que, le 12 Juillet 1584, l'Archevêque de Bordeaux
prononça l'union de la Préceptorerie ou Commanderie au
Collège et Séminaire de l'église Saint-André ; et que le lundi,
16 Juillet 1584, maistre Hymon Madecas, prêtre, prieur du
Collège et Séminaire de l'église métropolitaine de Bordeaux,
après avoir célébré la messe dans la chapelle de ce monastère, prit possession des bâtiments. Mais ce couvent ne resta
pas longtemps au pouvoir du Séminaire : nous allons voir les
Feuillants s'y installer, peu d'années après cette union.

_____

(1) Item aux quatre fêtes annuelles, appartient à l'œuvre des
accaptes du purgatoire, de la rédemption, et de Saint-Antoine, de
chacune, quatre liards ; davantage est du au dit ouvrier, comme
ouvrier, ung chabreau bon et honnête pour la fête de Pâques,
lequel chabreau doit lui porter et bailler celui qui accapte pour
Saint-Antoine, ou un autre pour lui, et en défaut de ce faire,
peut saisir l'accapte jusqu'à ce qu'il l'ait payé ».

(*Archives de l'église de St-Michel à Bordeaux.* Baurein).

2.º MONASTÈRE SAINT-ANTOINE DES FEUILLANTS.

L'institution des Feuillants est trop rapprochée de nous
pour n'être pas bien connue ; on sait que ce fut dom Jean de
la Barrière qui , en 1577, fonda , à Toulouse , la première
abbaye de ce nom , afin de rétablir la discipline religieuse
dans l'ordre de Cîteaux. Bientôt les religieux , qui se groupè-
rent autour de ce moine , furent assez nombreux pour fonder
des établissements dans plusieurs villes : Henry III leur per-
mit de s'établir à Paris dans un local rue Neuve-St-Honoré.
Mais la véhémence des déclamations de Jean de la Barrière
contre la ligue le força bientôt à quitter la capitale ; il jugea
alors avec raison qu'il trouverait à Bordeaux des esprits
mieux disposés à l'entendre ; et en effet , l'accueil qu'il reçut
dans cette ville , fut tellement favorable , que bientôt il fit
venir sept autres religieux de son ordre. Ainsi se forma le
noyau du monastère des Feuillants (1). En 1589 des lettres
de cachet furent adressées par le souverain à l'Archevêque
de Bordeaux , au Parlement et au corps de ville, pour l'établissement d'un monastère de cet ordre ; et , deux ans plus
tard , la concession faite le 24 Juillet 1591 , par l'archevêque
Antoine de Sansac , de l'ancien monastère de Saint-Antoine,
donna à cet établissement naissant une constitution définitive.

Les premières années de l'existence des Feuillants furent
très-pénibles : dépourvus de ressources , ces religieux se
virent souvent obligés de justifier leur nom d'*ordre mendiant*.

---

(1) La conduite de dom Jean de la Barrière , premier abbé et
instituteur des Feuillants, etc., par un religieux Feuillant (*Jean
Baptiste Pradillon* , dit *de sainte Anne*). Paris, F. H. Muguet,
1699 , in-12.

en recourant à la charité publique. Mais cet état précaire fut de courte durée, et bientôt de nombreux bienfaits vinrent leur faire oublier le temps d'épreuve par lequel ils avaient passé. Nous allons enregistrer les actes les plus importants rendus en faveur de ce monastère, et nous le verrons acquérir en peu de temps une riche dotation.

Une bulle de Clément VIII, datée du 4 des calendes de Juin 1594, confirma la décision par laquelle l'Archevêque de Bordeaux avait concédé aux Feuillants l'ancien monastère des Antonistes; cet acte unit en outre à ce couvent le prieuré de Saint-Martin à Bordeaux, auquel étaient liées plusieurs maisons situées sur les bords du ruisseau de Lamothe, et des vignes avoisinantes, assez considérables. Depuis une donation faite en 1077 par Geoffroi, duc de Guienne, ce prieuré dépendait du couvent de Maillezais (1). Le consentement de l'évêque de ce diocèse fut donc nécessaire pour que cette union pût avoir son effet. Cette adhésion ne se fit pas attendre; elle fut donnée le 4 Octobre 1594. Le prieuré y est désigné de la manière suivante : *Prioratus Sancti Martini de Monte Judaico,* On sait qu'il était situé dans le quartier Saint-Seurin, et que

---

(1) Quapropter ego Gaufridus peccator quidem, sed gratiâ Dei dux Aquitanorum..... Monasterio Malleacensi et monachis, Deo et supradicto apostolo (Petro) famulentibus, ibi tam præsentibus quam futuris, basilicam Sancti Martini cum omnibus quæ ad eam jure attinent, quæ sita est in meducullio civitatis Burdigalensis, ac beati Severini Canoniæ; dono et sinè ullo retinaculo concedo...

L'emplacement du Prieuré Saint-Martin est devenu célèbre par les belles antiquités romaines dont la découverte eut lieu en 1594, et qui ont fourni à Delurbe, à Gruter, à Venuti, à Baurein, à Jouannet, le sujet de diverses recherches.

Au milieu d'un grand nombre d'objets, on trouva trois statues, deux d'hommes et une de femme. Les statues d'hommes ont été prises pour celles de Drusus, fils de Germanicus, et de l'empereur

le nom de *Rue Judaïque* est un souvenir de *Monte Judaico*. L'enregistrement de la bulle eut lieu au Parlement de Bordeaux le 6 Novembre 1594.

Claude, d'après les deux inscriptions suivantes qui étaient cependant détachées des statues.

DRVSO. CEAS...............	.... VRSI. F..........
NICI. CAESARIS...........	C. AVGVSTO................
AVG. N. DIVI. AVG........	PONT. MAX................
PRAEFECT. VRBI..........	.... DS. II. P. P........
GVSTALI.................	C. IVLIVS.................

Druso Cæsari Germa-
nici Cæsaris filio , Tiberii Cæsaris
Augusti nepoti , divi Augusti
pronepoti,
Præfecto urbi sodali Augustali.

Tiberio Claudio Drusi filio,
Cæsari, Augusto, Germanico,
Pontifici maximo, tribunitiâ po-
testate,
Consuli designato secundùm, patri
patriæ,
Caius Julius dedicavit.

Au sujet de cette dernière inscription , on a remarqué qu'un Caius Julius fit don à Burdigala, d'après une autre inscription, d'un aqueduc ou d'une fontaine, et qu'un personnage du même nom offrit à Lectoure un taurobole à la mère des dieux, le 6 des ides de Décembre l'an 241 ap. J.-C.

Une troisième statue, trouvée sur l'emplacement du prieuré St-Martin, était, disent les auteurs du temps, celle de Messaline. Louis XIV voulut en orner les jardins de Versailles ; mais le navire qui la portait périt devant Blaye en 1686. ,

Delurbe se demande à quel monument appartenaient ces ruines. « Aucuns pensent que ce fust vn palais, les autres vn temple, » autres des bains et estuues ». Il expose les motifs qui font penser à quelques personnes que c'était l'emplacement d'un temple dédié à Jupiter ; mais plus tard il renverse lui-même cette opinion , ainsi que l'a déjà fait observer l'abbé Baurein (*Bull. Polym.*, 1813 , p. 152). Les lignes suivantes révèlent d'une manière certaine des bains publics ; mais, parmi les débris retrouvés, quelques-uns

Le prieuré Saint-Martin était en jouissance d'une rente annuelle et perpétuelle de fondation royale sur la comptablie de Bordeaux de 12 livres bordelaises ou 7 livres 4 sols tournois payables au 1.er Octobre. On ignore la date de cette fondation; mais elle était servie antérieurement aux Feuillants, qui trouvèrent dans les archives du prieuré des quittances datées du 1.er Janvier 1501. En possession de ce prieuré, ces religieux ne manquèrent pas de solliciter leur maintien dans tous les privilèges qui y étaient attachés; et ils obtinrent le 9 Février 1605, une ordonnance des trésoriers de la généralité de Guienne qui les confirmait dans la jouissance de ce revenu.

Un acte du 17.e siècle (19 Avril et 9 Juillet 1631), consenti par l'évêque et le chapitre de Maillezais, et qui confirme de nouveau l'union du prieuré Saint-Martin, nous apprend que les Feuillants restèrent chargés envers cet évêché de la redevance annuelle « de deux cierges de cire blanche » du poids d'une livre chacun, à chacun jour de feste de » Sainct Paul.

---

pouvaient provenir d'autres monumens, dont aucun fragment n'a précisé la destination. « Il n'est pas toutefois mal à propos de » penser que ce soient les ruines des étuves ou bains bâtis par » les Romains commandant en la Guienne, tant pour la commo- » dité du ruisseau de la Devise qui coule au pied de la dicte » terre, que pour avoir été le bastiment divisé comme en cellu- » les, avec des longiers de-muraille en forme de portiques; comme » témoignent aussi les vieilles masures des bains qu'on trouva » l'an 1557, au bout de la dite terre, en relevant le boulevard » de la Porte-Dijeaux ».

Baurein, traitant le même sujet, détruit l'étymologie de *Porta Jovis* pour le nom de Porte-Dijeaux; il lui suffit de remarquer qu'au moyen âge cette Porte est appelée : *Porte de Gui, de Giou, dijius, dijeus,* qui dérivent du mot anglais *Jew* (juif) : un titre la désigne sous le nom encore plus caractéristique de *Porta Judaica*.

L'union d'un second prieuré eut lieu presque en même temps que celle du Prieuré Saint-Martin. Une bulle du même Pape, Clément VIII, datée aussi du mois de Juin 1594, prononça l'union à ce monastère du prieuré ou commanderie de Saint-Jacques de Baulac en Bazadais, paroisse de Bernos. Mais cette bulle ne fut enregistrée au Parlement de Bordeaux que le 7 Mars 1596.

Ce prieuré ne resta pas longtemps dans les mains des Feuillants. Le 18 Août 1603, une transaction passée entre le Commandeur de Bordeaux et celui d'Aubeterre le transmit dans la possession du monastère établi dans ce dernier lieu. Nous croyons que c'est encore le même prieuré qui, par arrêt du Conseil d'État du Roi, du 16 Décembre 1695, suivi de lettres patentes, fut uni à l'hôpital Saint-Antoine de Bazas, sous le nom de Commanderie de l'hôpital Saint-Antoine de Baulac.

Le XVI.ᵉ siècle se ferme et le XVII.ᵉ s'ouvre par deux nouveaux accroissements de dotation.

La Cure de Saint-Martin d'Eysines fut d'abord unie au monastère des Feuillants par une bulle du pape Clément VIII, en date du 1.ᵉʳ Janvier 1600. Le cardinal de Sourdis donna son adhésion à cette mesure le 15 Mars suivant; la prise de possession eut lieu le 14 Décembre 1601, et la bulle fut enregistrée au Parlement le 30 Janvier 1602.

Le Prieuré de Notre-Dame de Bayon, qui était une dépendance de l'évêché de Comminges, fut résigné le 24 Janvier 1602 par le prieur Léonard Forestié en faveur de Mathurin Poëf, religieux et prieur claustral de l'abbaye Saint-Vincent de Bourg-sur-mer. L'évêque de Comminges, venait de sanctionner ce désistement (13 Avril 1602), lorsque le cardinal de Sourdis, archevêque de Bordeaux, prononça l'union de ce prieuré au monastère des Feuillants (18 Avril 1602).

Le rôle de l'abbaye de Bourg semble n'avoir été dans cette affaire que celui d'un intermédiaire destiné à couvrir la transmission du prieuré de Bayon aux Feuillants. C'est ce que cette abbaye comprit sans doute, mais un peu tardivement : les longues discussions qu'elle éleva pour retenir le prieuré dans sa possession peuvent du moins autoriser à le penser.

La décision du cardinal de Sourdis ne fut confirmée par le pape Paul V, que le 10 des kalendes de Octobre 1611. Objet d'un appel devant l'official de Bordeaux, elle fut annulée le 13 Mars 1613 ; et l'affaire avait été renvoyée par le Pape, sur le pourvoi des Feuillants, devant l'official de Condom, lorsque l'abbé de Bourg, mesurant sans doute l'inégalité de la lutte, se désista le 6 Novembre 1618. Les Feuillants prirent alors possession du prieuré, en restant seulement chargés d'une pension annuelle de 112 livres envers l'Abbaye.

Enrichis par ces diverses unions, les Feuillants se virent en mesure d'entreprendre la reconstruction de l'ancienne chapelle de Saint-Antoine, dont le modeste sanctuaire ne convenait plus à leur nouvelle position ; mais nous renvoyons à parler plus tard de ce monument, et nous devons suivre en ce moment le régime intérieur du monastère.

L'ordre chronologique nous amène à parler du Prieuré de Saint-Jacques de Barp, dont l'union fut prononcée le 24 Juillet 1618 par le même archevêque, en même temps que celle des annexes de ce prieuré, c'est-à-dire de la chapelle de Ste-Catherine à Andernos et des autres domaines y afférents. Les Feuillants reçurent alors l'obligation d'entretenir dans ce prieuré un vicaire perpétuel, avec pension annuelle de 200 liv., et dont l'institution fut réservée à l'archevêque. La chapelle d'Andernos fut desservie par un vicaire.

La prise de possession eut lieu le 21 Septembre 1618, et le 14 Septembre 1619 intervint une bulle confirmative du

Pape Paul V, qui fut sanctionnée par une nouvelle bulle de Grégoire XV, le 15 des kalendes de Décembre 1621.

Après avoir obtenu tant de faveurs de l'autorité ecclésiastique, les Feuillants tournèrent leurs regards vers le pouvoir royal, qui avait favorisé leur arrivée à Bordeaux. Ils ne tardèrent pas à en obtenir des marques de protection. Par des lettres patentes rendues le 2 Avril 1617, Louis XIII leur accorda, *par forme de pension et aumône*, une somme annuelle de 600 liv. Ce don venait d'être sanctionné par un arrêt du conseil du 12 du même mois, lorsque son chiffre fut élevé et porté à 1200 liv. par les lettres patentes du 26 Septembre 1620. Cette somme dut être prélevée sur la comptablie de Bordeaux ; les Feuillants étaient tenus en retour à un grand et solennel service pour le 25 Août, jour de la fête de Saint-Louis, et à un certain nombre de messes.

Il est inutile d'enregistrer les nombreux arrêts du Conseil, lettres patentes, etc., qui prorogèrent la jouissance de cette pension ; elle fut payée sur le taux de 1200 livres jusqu'à l'arrêt du 3 Juillet 1715, époque à laquelle elle fut réduite à 900 liv. par une ordonnance des commissaires généraux du 15 Décembre 1717.

Mais, avant ces dernières dates, un nouveau domaine était échu au monastère. Un avocat au Parlement de Bordeaux, Pierre Forton, seigneur des maisons de Coley et de Meiney, s'était retiré dans ce couvent, sous le nom de dom Pierre de Saint-Michel. Par testament du 16 Juin 1625, il légua au monastère les terres que nous venons de nommer, de Coley et de Meiney, situées dans la paroisse de Saint-Estèphe (Médoc) ; et bientôt le monastère les agrandit par des acquisitions importantes.

Le testament de ce religieux imposait aux Feuillants l'obligation de bâtir un monastère à Coley et d'y célébrer plusieurs offices. Mais les religieux prétendirent que cette charge n'était pas en rapport avec la valeur du legs, et ils passèrent une transaction le 13 Avril 1646 avec Simon Forton, frère du testateur, d'après laquelle ils devaient seulement bâtir, dans un délai de trois années, une chapelle dans l'église de Bordeaux. Cette chapelle doit être dédiée, selon cet acte, à Notre-Dame de l'Assomption ; la famille du donateur y jouira du droit de sépulture, et les Services exigés par le testament y seront célébrés.

Les unions prononcées par l'autorité ecclésiastique, les dons qu'ils devaient à la protection dont les honorait le souverain, les legs dûs à la piété de divers bienfaiteurs devaient avoir mis les Feuillants dans une position fort aisée ; un état des revenus et des charges du monastère, dressé en 1648, ne présente cependant qu'un revenu de 3686 fr. pour l'entretien de vingt religieux (1) ; mais ce document ne comprend

---

(1) 1.° *Commanderie de Saint-Antoine et la Commanderie annexe de la Palomière.*

Revenu . . . . 175 $^{liv.}$
Charges : 1.° décimes.. . . . . 17^l 3^s 6^d
         2.° Rente au Chap. St-André. 18

                         35 3 5.   35 3 5.

         Reste net. . . . . 125 16 6.

2.° *Cure de Bayon.*

Revenu. 800
Charges : 1.° décimes. . . . . 82^l 17^s 2^d
         2.° Dimon à l'archevêque
            de Bordeaux.. . . . . 60 » »
         3.° Pension à l'abbé de
            Bourg. . . . . 112 10 »
         4.° Au vicaire perpétuel de
            Bayon. . . . . 245 » »

                       500 7 10.   500 6 10.

         Reste net. . . . . 299 12 2^d

2

pas la somme prélevée sur la comptablie de Bordeaux, et c'est assez d'une omission pour qu'il soit permis de supposer que d'autres revenus n'y sont pas portés.

Les discussions qui éclatèrent si souvent entre le parlement de Bordeaux et Louis de la Valette, duc d'Épernon, gouverneur

---

3.° *Les deux tiers de la cure d'Eysines.*

Revenu....................	406	
Charges : décimes............	42	6ˢ 5.

Reste net.............. 353 13 7.

4.° *Cure du Barp et annexe Indernos* (Andernos).

Revenu : 1.° de la cure..........	300
2.° de l'annexe.........	255
	555
Charges : 1.° décimes...........	58
2.° Au vicaire perpétuel du Barp.	200
3.° A celui d'Andernos......	150
	408 408

Reste net............. 147

5.° *Prieuré du Mont-Judaïque,* consistant en maison, échoppes, enclos de vigne, aubarèdes, dimes, agrières et rentes.............. 1500

6.° *Bourdieu à Aysines.*.............. 300

7.° *Propriétés à Saint-Estèphe.*

Revenus................	600
Charges ; reats...........	180

Reste net......... 420   420

8.° *Chapelles de Bommes.*.............. 250

9.° *Trois maisons à Bordeaux.*.......... 680

	4086 2 3.
A déduire pour réparations annuelles.....	400

Reste net............. 3686ˡ 2ˢ 3ᵈ

---

de la ville de Bordeaux, mirent plus d'une fois à la population les armes à la main ; et les rencontres des deux partis furent souvent l'occasion de graves désordres. En 1649 principalement, les Feuillants éprouvèrent des pertes considérables causées par les troubles dont Bordeaux fut le théâtre : le faubourg Saint-Seurin, où ce monastère avait des propriétés assez importantes, fut occupé par des troupes ; on abattit plusieurs maisons du côté de la demi-lune qui défendait la porte Dijeaux ; l'installation d'une batterie au milieu du faubourg fut alors la cause du ravage par les gens d'armes de toutes les terres environnantes.

Aussitôt après la signature de l'amnistie générale accordée le 1.er Octobre 1650 à Bourg, en faveur des Bordelais, les Feuillants firent entendre leurs plaintes et réclamèrent des indemnités. Un procès-verbal dressé les 22 et 24 Octobre 1650 par Jean Gaufreteau, conseiller du roi et lieutenant-général en la sénéchaussée de Guienne, évalua les pertes qu'ils avaient éprouvées à la somme de 30,000 fr. (1). Quelques années plus tard, le 20 Février 1655, ce monastère

---

(1) *Extrait du procès-verbal dressé sous la date du* 22-24 *Octobre* 1655 : « Le syndic des Feuillants nous a exposé que, pendant le siége posé le 5 Septembre 1649 au bourg de Saint-Seurin contre la présente ville, soit pour poser la batterie contre la ville ou pour les canons de la ville, l'église du prieuré Saint-Martin située dans le dit bourg Saint-Seurin et plusieurs maisons et dépendances qui sont situées à costé du dit bourg et le long du ruisseau de la Mothe, autrement du Peugue *(Pelagus)*, hors les murs de la présente ville, appartenant aux susdits pères Feuillants, ont esté grandement ruinées et plusieurs d'icelles mises rez pied terre et les murailles qui entourent les vignobles en dépendance ont esté la pluspart abattues, et outre que la vendange du dit enclos de vigne où il se recueillait toutes les années sept à huit tonneaux de vin a esté tout à fait vendangée par les gens de guerre, la plus grande partie de la dite vigne a esté aussi coupée au pied......... ».

obtint un arrêt du Conseil d'État qui lui allouait une somme de 24,000 fr. payable « sur les deniers provenant de la nouvelle imposition accordée aux maire et jurats de Bordeaux pour le payement des dettes par eux contractées à cause des pertes et dommages arrivés pendant le mouvement de la dite province ».

Ce fut aussi à raison ou plutôt sous le prétexte de ces mêmes pertes que les Feuillants obtinrent le 16 Juillet 1653 de l'archevêque de Béthune l'union à leur monastère de la cure de Moulon, avec obligation de confier le soin des âmes à un vicaire perpétuel qui jouira d'une portion congrue de 500 fr., d'un logement et d'un jardin. L'institution et la collation de ce vicaire sont réservées à l'archevêque, et les Feuillants enverront à Moulon, pour aider le vicaire, un religieux ou un prêtre séculier aux quatre grandes fêtes de l'année.

Cette union venait à peine d'être confirmée par lettres patentes de Juillet 1653, qu'une nouvelle union fut faite dans le prieuré de Saint-Sulpice de Bellefont avec son annexe de Notre-Dame de Cazevert, la chapelle Saint-Jean de la Goillanne et d'autres domaines (31 Mars 1655). Les Feuillants sont prieurs et curés primitifs et nomment le vicaire perpétuel. Des lettres patentes de Juin 1655, enregistrées au parlement le 25 Janvier suivant, confirmèrent cette union.

Deux ans plus tard, de nouvelles lettres patentes du mois de Décembre 1657, enregistrées le 20 de ce mois au parlement de Bordeaux, confirmèrent les Feuillants dans la jouissance de leurs domaines : « la commanderie et le prieuré de Saint-Martin à Bordeaux, Eysines, Bayon et le Barp, avec toutes leurs annexes, appartenances et dépendances ».

Mais ces actes de l'autorité royale n'imposaient pas silence aux prétentions de ceux qui se croyaient lésés. Ainsi l'union de la cure de Moulon fut l'objet de longues plaidoiries. Le curé de cette paroisse disait hautement que les intrigues du feuillant Dom Comes, directeur de la Reine-mère, et l'affection de l'archevêque de Béthune pour une congrégation au sein de laquelle il avait été élevé, étaient les seuls motifs de la décision prononcée par les lettres patentes de 1653.

En 1706, le S.ʳ Dare, chanoine régulier et prieur claustral de Bourg, déclara aussi appel comme d'abus, au sujet de l'union du prieuré de Bayon. Enfin Eysines fut à son tour un sujet de discussion.

Des lettres patentes rendues par Louis XIV, au mois de Mars 1706, furent sans influence pour calmer les attaques ; vainement il « loue, approuve, confirme les unions au monastère des Feuillants tant du prieuré de Notre-Dame de Bayon que des cures et prieurés de Saint Martin du mont Judaïque de Bordeaux, d'Aisines, de Saint-Jacques du Barp, de Saint-Vincent de Moulou, de Notre-Dame de Bellefont ». Il en fut de même des lettres patentes données par Louis XV en Août 1717 ; et ces discussions occupaient encore les tribunaux de la province en 1790. Mais ces procès n'empêchaient pas les Feuillants de jouir des revenus attachés aux cures, dont l'union était prononcée. C'est ce qui ressort de la déclaration faite par le prieur et les frères de cette congrégation devant l'assemblée générale du clergé de France en 1730. Les revenus sont évalués dans ce document, à la somme de. 22153ˡ 6ˢ
et les dépenses à. 16772ˡ 5ˢ

Ainsi une somme de. 5381ˡ 1ˢ

restait disponible, pour l'entretien de vingt-deux religieux et de quatre ou cinq domestiques. Les procès absorbaient en outre une somme de 1,000 liv. environ par an (1).

_____

(1) *Détail des revenus et des dépenses du monastère des*

Toutefois, il nous est permis de penser que les chiffres ci-
dessus ne comprenaient que les revenus ordinaires ; et que
des sommes importantes formant les recettes extraordinaires
se trouvaient encore à la disposition des Feuillants. Ce n'est
qu'avec cette explication que l'on pourra comprendre com-
ment vers la fin du XVIII.ᵐᵉ siècle, les bâtiments du monastère furent reconstruits à leurs frais, presque en entier.

Feuillants en 1730, *d'après la déclaration présentée à l'assemblée générale du clergé de France.*

	Revenus.			Dépenses.		
1. La Palomière à Saint-Sève. . . .	263 l.	»	s	281 l.	»	s.
2. Bommes et Lachipeau.	1320	»		1253	10	
3. Le Mency à Saint-Estèphe. . . .	7389	»		5804	»	
4. Pensions.	2005	9		»	»	
6. Le Barp avec Andernos et Argen-						
teires.	1141	»		616	13	
7. Bayon.	1185	»		369	»	
8. Moulon.	4610	»		981	9	
9. Prieuré Saint-Martin	690	»		90	»	
10. Maisons.	3136	17		1446	»	
11. Fondations.	191	»		»	»	
12. Sacristie.	»	»		800	»	
13. Décimes.	»	»		1579	»	
14. Redevances et aumônes.	»	»		891	»	
15. Rentes constituées.	»	»		1860	»	
16. Charges et Congrégations.	»	»		800	»	

TOTAUX. . . 22153 l. 6 s.   16772 l. 5 s

DIFFÉRENCE. . . . . 5381 l. 1 s.

3.° MONUMENTS REMARQUABLES

Du département de la Gironde , ayant relevé de l'Ordre de
Saint-Antoine ou de celui des Feuillants.

Les constructions qui appartinrent à l'Ordre de Saint-
Antoine ou à celui des Feuillants sont détruites sur plusieurs
points ; quelques-unes de celles qui subsistent , n'offrent que
peu d'intérêt sous le rapport de l'art ; trois seulement font
exception à cette règle, et revendiquent au contraire des
places fort honorables parmi les monuments historiques du
département. Ce sont l'église de Bayon , la chapelle de
Pondaurat, et celle des Feuillants à Bordeaux , aujourd'hui
chapelle du Collège Royal. Nous ne dirons rien en ce moment sur l'église de Bayon , quoique fort remarquable ,
parce que son érection ne fut pas l'œuvre des monastères
dont nous nous occupons. Nous avons vu en effet qu'elle
n'avait été unie que tardivement aux Feuillants ; et d'ailleurs
cette église a été déjà décrite (1) par nous dans tous ses
détails. Nous nous bornerons donc à parler des autres monuments.

1.° Chapelle de Pondaurat.

Cette chapelle , devenue aujourd'hui l'église de la Com-
mune , appartient à la fin du style de transition , au premier
gothique. Son plan semble offrir une trace d'influence Bi-
zantine. C'est une croix grecque, dont les deux branches ter-
minées carrément, sont sensiblement égales ; 31^m en longueur sur 27 de largeur. Le plan des églises de Mauriac et
de Saint - Denis - de - Pile offre quelque ressemblance avec
celui-ci; celui de Mauriac se rapproche même davantage du

---

(1) *Fragments archéologiques*. Bord , Th. Lafargue, 1842, *in-*8°.

type byzantin par une naissance de coupole ; mais, dans ces deux églises, les bras de la croix portent des absides secondaires, tandis qu'à Pondaurat, aucune addition ne défigure la simplicité de la croix grecque.

Des piliers formés de trois colonnes accouplées s'élèvent aux angles du chœur, et supportent une voûte d'arète à nervures saillantes, arrondies et ogivales. Les corniches offrent des fleurs et des fruits recourbés en crochets ; quelques-unes sont aussi décorées de têtes humaines ; sur une clé, nous avons remarqué un T, signe que l'Ordre de Saint-Antoine portait sur ses vêtements.

L'abside est éclairée par une large fenêtre à trois compartiments, qui date du XIVe ou du XVe siècle.

Une travée fut ajoutée à l'Ouest, postérieurement à la construction de cette église et donna à son plan la forme d'une croix latine. Sa suppression ultérieure et sa réunion à une habitation particulière ont rendu à cette église son caractère primitif. Cependant, dans ces transformations, la porte ancienne a disparu ; on entre aujourd'hui par une porte moderne percée au Nord de la nef.

Depuis que nous avons visité cette église (1841), elle a subi des réparations essentielles, dont les plus importantes sont la restauration de la charpente et de la couverture, le crépissage des murs à l'intérieur, la réparation de la grande fenêtre absidiale ; travaux utiles, les seuls que nous voudrions voir exécuter aux monuments historiques.

Quelques restes du couvent qui sont attenants à l'église portent, comme elle, les traces du style de transition. On y remarque une fenêtre ogivale avec arc trilobé. Placés sur les bords d'un ruisseau, ces bâtiments ont été transformés en moulin.

2.º **Chapelle des Feuillants, rue Montaigne, à Bordeaux.**

L'érection de ce monument, avons-nous dit, eut lieu au commencement du XVII.me siècle. Cette chapelle remplaça l'église Saint-Antoine, où l'abbé Baurein nous a déjà appris que se prêtaient les serments judiciaires, comme dans celles de Saint-Mommolin et Saint-Seurin. Le mur *Est* de la chapelle actuelle appartenait à la première église, car il porte l'inscription suivante datée du XVme siècle.

DNS PETRUS DEU CHAI PSBR (*presbiter*)

INSTITUIT UNA VISITATIONE

PERPETUA P *(propter)* PCEPTORE *(preceptorem)* FRES *(fratres)*

ET DONATOS HIC COTIDIE P

MAGNA MISSAM SOLEPNITER

FIENDA QUI OBIIT QUTA DIE

MENSIS MAII ANNO DMI

MCCCC XL IIII.

Le mur qui porte cette inscription est devenu la façade de l'église ; c'est dire qu'elle n'est pas orientée, et que son abside est à l'Ouest.

Le plan affecte la forme d'un rectangle, se rétrécissant à l'Ouest et se terminant de ce côté par un chevet à trois pans coupés, dont la profondeur est de 5 mètres : la longueur de la nef est de 20 mètres 70 cent., sa largeur de 10 mètres 50. Les voûtes de la nef sont portées par cinq piliers à section rectangulaire, entre lesquels ouvrent de chaque côté trois chapelles de 4 mètres 80 cent. de profondeur, dirigées perpendiculairement à l'axe de l'église. Ces chapelles étaient autrefois au nombre de quatre de chaque côté ; mais les deux extrêmes ont reçu de nos jours d'autres destinations. On remarque sculptées sur les clefs de voûtes de ces chapelles et sur leurs parements, des armoiries qui annoncent que ces lieux reçurent des sépultures de familles distinguées.

Au-dessus de ces chapelles règne une galerie prenant jour
dans la nef par des fenêtres correspondantes par couple aux
arcatures des chapelles inférieures, et c'est entre chaque
couple de ces fenêtres que sont les armoiries déjà mentionnées
sur les parements des chapelles inférieures. Au-dessus des
fenêtres de la tribune est un rang de fenêtres géminées avec
œil, prenant jour au-dessus de la toiture des galeries.

Il existait autrefois, selon d'anciens titres, deux rangs de
stalles dans le chœur. L'église possédait aussi sept reliquai-
res, un en cuivre et six en bois doré.

Enfin, pour compléter cette description, mentionnons
deux tableaux à l'huile assez remarquables : celui du maître-
autel et l'adoration des Mages : ce dernier, placé au-dessus
du rétable, passe pour être l'œuvre de Boucher.

Les documents que nous avons pu découvrir sur la construction de cette chapelle sont peu nombreux ; mais ils nous
ont paru assez intéressants : l'un d'eux révèle le nom de
l'architecte ou du moins celui du constructeur, les autres
ceux de dames bienfaitrices du monastère.

Louis Baradis, maistre maçon, passa contrat, le 7 Mai
1604, avec les Feuillants pour la construction de l'église et
du nouveau monastère.

La dame Françoise de Lachassaigne, dame de Montaigne,
fit don de la somme de 300 fr. « pour ayder à la construction
» de la tribune qui est dans la dite église, et en considéra-
» tion de ce que les dits pères lui ont permis de faire mettre
» aux deux côtés d'icelle tribune, et sur deux parpaings,
» scavoir les armoiries du dict feu sieur de Montaigne et de
» la dicte Dame, scavoir celles du dict sieur d'un côté, et les
» autres de l'autre, laquelle donation Dom Jean Malachie,
» provincial et prieur du dict monastère accepta le 26 Avril
» 1604 ».

La *Dame de Mayenne* fit don le 6 Mai 1604 au monastère de « vingt-cinq pieds d'arbres à choisir dans la forêt de
» Certes en Buch, appartenant à la dite dame, pour ayder à
» faire la charpente de l'église de ce monastère, et ce en
» considération des vœux, prières et oraisons des dits reli-
» gieux ».

Les titres de concession des chapelles latérales nous apprennent à quelles familles appartenaient les caveaux funè-
raires qu'elles recouvrent et les armoiries qui décorent ces
sanctuaires. Mais les doutes sur la nature des signes repré-
sentés que laisse dans notre esprit l'état de ces sculptures
souvent incorrectes, joints à l'absence d'indication des
émaux, ne nous permettraient d'en donner la description
qu'en nous exposant à tomber dans des erreurs, et nous
avons dû préférer nous abstenir de les blasonner : nous nous
bornerons donc à faire connaître les divers titres de concession accordés par les Feuillants.

Première chapelle à gauche. — Ce sanctuaire renferme
les restes de l'illustre auteur des *Essais.* Michel de Montaigne
mourut à Saint-Michel (Dordogne) le 13 Septembre 1592.
Quatre mois après, sa veuve, Françoise de Lachassaigne,
comprenant bien que, sinon par le lieu précis de sa naissance,
du moins par sa vie et par le caractère de ses écrits, Montaigne
était Bordelais, sa veuve sollicita et obtint des Feuillants, le
27 Janvier 1593, l'acquisition du droit de sépulture. D'après
l'acte de concession, les Religieux « permettent et concèdent à
ladite dame de construire un caveau, à côté du grand autel
de l'église nouvelle du dict monastère pour y mettre le corps
du dict feu sieur de Montaigne, d'elle et de ses successeurs,
et y ériger un sépulcre et monument...... et, moyennant ce,
le dict sieur de Labrousse, au dit nom, faisant pour dame
Françoise de Lachassaigne, veuve de Michel de Montaigne,
constitue sur tous et chacun des biens de la dite dame la

somme de cents louis de rente annuelle, amortissable pour 1,200 livres, payable la dite rente à chacun jour premier de May, à la charge par les dits religieux de dire deux messes hautes avec diacre et sous-diacre, savoir l'une le troisième jour du mois de Septembre, et l'autre en commémoration du jour que le dict feu sieur fut inhumé, et outre ce deux autres messes basses, l'une au jour saint Pierre aux Liens et l'autre au jour saint Michel ».

Quoiqu'il fut question, dans l'acte que nous venons de rapporter, de la nouvelle chapelle des Feuillants, le corps de Montaigne ne put y être déposé immédiatement, et il fut placé, à titre provisoire, dans l'ancienne chapelle. Ce ne fut qu'en 1619 que la translation de ses restes eut lieu dans le sanctuaire où nous les voyons aujourd'hui.

Cette chapelle fut même érigée pour être le lieu de sépulture d'une autre famille célèbre de Bordeaux. En 1600, un contrat fut passé entre les Feuillants et Florimond de Raymond, conseiller au parlement de Bordeaux, et Suzanne Marin, dame de Chemines, son épouse, pour la fondation d'une chapelle sous le vocable de saint Bernard, dans l'église des Feuillants, avec une rente annelle de vingt écus, à la charge d'une messe haute qui devait être célébrée tous les ans. Le 24 Mai 1604, Baradis « maistre maçon », qui avait traité avec les Feuillants pour la construction du corps de la chapelle, s'engagea vis-à-vis la Famille Raymond, pour l'édification de la chapelle ; mais bientôt la mort de Baradis vint interrompre les travaux ; et, en 1609, François de Raymond, fils de Florimond, et, comme lui, conseiller au parlement de Bordeaux, obtint des Feuillants la permission de faire reprendre les travaux et acheva la construction.

Nous n'avons aucune note sur les incidents que put présenter ce travail jusqu'au 9 Avril 1613. Alors les Feuillants, donnent à Françoise de Lachassaigne, dame de Montaigne,

» la chapelle dédiée à saint Bernard , et la plus proche du grand autel de l'église nouvelle dudit monastère , qui est du côté du midy, pour dans icelle, mettre lettres, armoiries, et dans la cave d'icelle , mettre le corps du dict feu sieur de Montaigne , les leurs et leurs successeurs en droite lignée..... et a , en outre , ladite dame quitté et délaissé aux dits religieux tout le droit de directité et arrérages de rente, droits d'amortissement et autres qu'elle avait sur le terrein où est construit partie du nouveau monastère.... promet la dite dame faire à ses dépens, au plustôt qu'il se pourra, bâtir l'autel et autres choses qui restent à faire dans ladite chapelle , et la rendre en bon état pour y faire le service divin , et l'entretenir de couverture; aussi promet et sera tenue la dame de Montaigne faire oster au plutot le sépulcre et effigie du dict feu sieur de Montaigne, du lieu où il est dans la dite ancienne église, et icelui mettre, si bon lui semble, dans le lieu le plus honorable de la dite chapelle.... »

Le 9 Mai de la même année (1614), les Feuillants firent une confirmation du traité qui précède envers Joseph de Montaigne , sieur de Bussaguet , conseiller au parlement de Bordeaux. Mais , indépendamment des armoiries de la maison de Montaigne, on pourra mettre « dans un coin » de ce sanctuaire des armoiries mi-parties de Montaigne et de Lachassaigne.

Ces actes ne font pas mention de la concession du même emplacement déjà faite à la famille de Raymond. Cette double concession du même objet , faite à deux familles , donna lieu à des procès qui se terminèrent par un acte du même jour que le précédent (9 Mai 1614), et par lequel François de Raymond se désista de la concession qui lui avait été faite. Les Feuillants lui donnèrent en échange « une place de sept pieds et demi de large et dix pieds de long, y compris les murailles, pour y bâtir un caveau auprès des degrés de des-

sous l'autel ». Ces religieux permettent en outre de placer,
contre un des piliers de l'église, une plaque de marbre des-
tinée sans doute à recevoir une inscription.

Aucune trace des inhumations de la famille Raymond (1)
n'est aujourd'hui apparente; mais il n'en est pas de même
de celle de Michel de Montaigne.

Un tombeau en pierre a été érigé dans la chapelle.
Montaigne est représenté en costume guerrier étendu sur le

(1) Florimond de Raymond reçu, en 1570, conseiller au parlement de Bordeaux, mort en 1602, a laissé plusieurs ouvrages qui
ne sont plus ouverts que par les bibliophiles :

Erreur populaire de la papesse Jane. — Bourdeaus, S Millanges, 1594, in-8°.

De la Couronne du soldat; — Aux Martyrs : traduit du latin,
par Florimond de Rœmound. — Bourdeaus, S. Millanges, 1594, in-8°.

L'Anti-Christ et l'Anti-papesse. édit. seconde, corrigée et
augmentée par l'autheur. — Paris, 1599, in-4°. (Nous ne connais-
sons pas la première édition).

*Fabula Joannæ quæ pontificis Romani sedem occupâsse falso
credita est, è gallico à J. C. Rœmundo, autoris filio.* — Burdigalæ, S. Millangius, 1601, in-8°.

*L'histoire de la naissance, progrès et décadence de l'hérésie
de ce siècle, publié par son fils.* — Paris, C. Chastelain, 1605,
in-4°.

Même ouvrage. — Paris, Vefue G. de la Noue, 1610, in-4°.

L'Anti-Christ. — Cambray, 1613, in-8° 2 vol.

Même ouvrage. — Rouen, D. Ferrand, 1648, in-4°.

Même ouvrage, avec la continuation (par Claude Malaigre).
— Rouen, J. Fain, 1618, et Paris, P. Chevalier, 1624, in-4°. 2 v.

Mais c'est bien moins par ses ouvrages que par les souvenirs
que nous a transmis le savant Juste Zinzerling (*Jodocus sincerus*)
dans son *Itinerarium Galliæ* que le nom de Florimond de Raymond s'est conservé jusqu'à nous. La rareté de ce dernier ouvrage
nous engage à reproduire ici le passage qui concerne le personnage dont nous nous occupons. « Sortons maintenant de la basili-
que de la ville et parcourons les jardins de Remond, lieu cher

mausolée (1); il est vêtu d'une cotte maille ; son heaume et
ses gantelets déposés à ses côtés laissent seulement à décou-
vert sa tête et ses mains ; un livre est à ses pieds. Ses armes
sont sculptées sur le tombeau : il portait d'*azur semé de trèfles
d'or*, ~~mises en faste~~, *à une patte de lion, du même, armé
de gueules*. L'écu est entouré du cordon de Saint-Michel
soutenant la croix de cet Ordre.

---

aux muses. Le premier objet digne de notre attention est une
statue de Jupiter, la foudre dans la main gauche, et un aigle à
son côté. On peut à peine reconnaître les pieds qui ont été brisés.
Cette inscription à été ajoutée : DEO INVICTO O. M. (1). Elle fut
trouvée dans la cour d'une maison près la porte Dijeaux ; d'où l'on
a tiré un argument pour supposer qu'un temple avait été élevé sur
ce lieu en l'honneur de ce dieu, comme nous l'avons déjà dit. En
second lieu, voici la statue de D. Adrien avec cette inscription :
DIVI. ADRI P. P. MEMOR. L. SAR. PRO. D. D.
» Ce vers a été placé récemment au dessous.

Hic iterùm priscâ Cæsar sub imagine vivit.

» En troisième lieu, s'offrent à nos regards deux hautes statues,
dont on ignore le sujet : l'une d'elles a la tête ceinte d'une couronne de laurier; son visage offre de la gravité et de la majesté
mêlées même d'une certaine terreur; l'autre porte le costume con-
sulaire. Ces objets et plusieurs autres sont appuyés contre le mur
de la maison, dans la partie qui regarde l'orient et le jardin. Au
milieu du jardin on a placé une pierre ronde, sur le bord de laquelle sont gravés les dieux du paganisme, parmi lesquels est
Apollon tenant la lyre (2) ».
(1) Une représentation de ce tombeau a été publiée par le *Maga-
sin pittoresque*, 1837.

(1) Jouannet se trompe donc, lorsqu'il donne cette inscription comme romaine (*Statistique de la Gironde*; t. I, p. 237). Delurbe avait déjà commis la même erreur; ce qui
explique, sans la justifier, celle de Jouannet.

(2) Voir Delurbe : *Discours sur les antiquités trovvées près le prievré Saint-Martin
et Bourdeaus en Juillet 1594*; et Bernadau : *Viographe bordelais*, p. 165 et suiv.

Les faces du tombeau présentent une grande richesse de
moulures. Sur chaque grande face est une inscription, l'une
latine, l'autre grecque. Quoiqu'elles aient déjà été publiées
(1), nous devons les reproduire ici, pour que notre travail
soit complet.

Ἦ Ρίον ὅςις ἰδών, ἠδ᾽ οὔνομα τοὐμον ἐρωτᾶς,
  Μονθανε Μοντανός. Παύεο θαμβοπαθεαν.
Οὐκέμά ταῦτα, δέμας, γένος εὐγενές, ὄλθος ἄνολθύς,
  Προςασίαι, δυνάμεις, παιγνια θνυτά τύχῆσ.
Οὐρανόθεν Κατέθεν, θευουν φυτὸν εἰς χθόνα Κελτῶν,
  Οὐ σοφὸς Ἑλλήνων ὄγδοος, ὄυτε τρίτος
Αὐσονίων. Ἀλλ᾽ εἰς πάντων ἀντάξιοσ ἄλλον,
  Τῆς τε βαθεῖ σοφίης, ἄνθεσί τ᾽εὐεπίης.
Ὅς και χριςοσφεθέι ξύνωςα διδάγμετι σκαψιν
  Τὴν πυρρωνείην. Ἑλλάδα δ᾽ εἰλε φθόνος,
Εἰλε και Αὐσονίην, φθονερην δ᾽ὤιν αὐτὸσ ἐπισχὼν
  Τάξιν ἐπ᾽ Οὐρανίδων, πατρίδα μεν, ἀνέθεν.

« *Qui que tu sois, qui regardes ce tombeau et qui
demandes mon nom, en disant : Est-il mort Montaigne?
cesse d'être surpris. La substance du corps, l'illustration de
la naissance, la richesse, l'autorité, la puissance ne sont
pas des choses qui nous appartiennent : ce sont seulement
des jouets périssables de la fortune. Être divin, descendu
du ciel sur la terre des Celtes, non pas que je sois le hui-
tième des Grecs, ni le troisième des Ausoniens, mais je puis
être comparé à tous par la profondeur de la sagesse et les
talents de l'élocution, moi qui ai su allier à la doctrine qui
respecte le Christ le doute pyrrhonien. La jalousie s'était
emparée de la Grèce et de l'Ausonie; pour terminer cette terrible querelle, j'ai été prendre mon rang parmi les immor-
tels, où est ma patrie* »,

---

(1) Dom Devienne. *Histoire de Bordeaux.*

DOMS.

MICHAELI. MONTANO. PETRO. CORENSI. PETRI. F. GRIMVND.
DIV. REMVNDI. PRON. EQVITI. TORQVATO. CIVI. ROMANO. CIVITA-
TIS. BITVRIGVM. VIVISCORVM. EX MAJORI. VIRO. AD. NATVRÆ.
GLORIAM. NATO. QVOJVS. MORVM. SVAVITVDO. INGENII. ACVMEN.
EX. TEMPORALIS. FACVNDIA. ET INCOPARABILE. JVDICIVM. SVPRA.
HVMANAM. SORTEM. ÆSTIMATA. SVNT. QVI. AMICOS VSVS. REGES.
MAXIMOS. ET TERRÆ. GALLIÆ. PRIMORES. VIROS. IPSOS. ETIAM.
SEQVI. ORVM. PARTIVM. PRÆSTITES. TAMEN. ETSI. PATRIARVM.
IPSE. LEGVM. ET SACRORVM. AVITORVM. RETINENTISSIMVS. SINE.
QVOJVSQVAM. OFFENSA. SINE. PALPO. AVT. PIPVLO. VNIVERSIS.
POPVLATIM. GRATVS. VT. QVE. ANTIDHAC. SEMPER. ADVORSVS.
OMNES. DOLORVM. MINACIAS. MŒNITAM. SAPIENTIAM. LABRIS. ET.
LIRRIS. PROFESSVS. ITA. IN. PROCINCTV. FATI. CVM. MORBO.
PERTINACITER. INIMICO. DIVTIM. VALIDISSIME. CONLVCTATVS.
TANDEM. DICTA. FACTIS. EX ÆQVANDO. POLCRÆ. VITÆ. POLCRAM.
PAVSAM. CVM. DEO. VOLENTE. FECIT.

VIXIT. ANN. LIX. MENSE. VII. DIEB. XI. OBIIT. ANN. SALUTIS.
CIƆ. IƆ. VIIIC. IDIB. SEPTEMB. FRANCISCA. CHASSANEA. AD. LVC-
TVM. PERPETVVM. HEV. RELICTA. MARITO. DOLCISSIMO. VNIVIRA.
VNIJVGO', ET. BENE. MERENTI MŒRENS. P. C.

« *A Michel Montaigne, Périgourdin, fils de Pierre,
petit-fils de Grimond Rémond, chevalier de Saint-Michel,
citoyen romain, né à Bordeaux, ex-maire, homme né pour
la gloire de la. Nature; dont la douceur de mœurs, la
finesse d'esprit, la facilité d'élocution et la justesse de juge-
ment ont été estimés au-dessus de la condition humaine; qui
a eu pour amis les rois les plus illustres, les plus grands seigneurs de France, et même les chefs du parti égaré, quoique
lui-même fut d'une moindre condition; observateur religieux
des lois et de la religion de ses pères, auxquels il ne fit jamais
aucune offense; qui jouit de la faveur populaire sans flatte-
terie et sans injure; de sorte qu'ayant toujours fait profes-*

3

*sion dans ses discours et dans ses écrits d'une sagesse forti-
fiée contre toutes les attaques de la douleur ; après avoir,
aux portes du trépas, lutté longtemps avec courage contre
les attaques ennemies d'une maladie implacable ; enfin, éga-
lant ses écrits par ses actions, il a fait, avec la volonté de
Dieu, une belle fin à une belle vie* ».

*Il vécut cinquante-neuf ans, sept mois et onze jours, et
mourut le 13 Septembre de l'an de salut 1592 (1). Françoise
de la Chassaigne, pleurant la perte de cet époux fidèle et
constamment chéri, lui a érigé ce monument, gage de ses
regrets.*

Le déplacement des cendres de Michel Montaigne qui eût
lieu, lors de la construction de la chapelle des Feuillants,
n'est pas le seul que nous ayons à enrégistrer. M. Bernadau
fait connaître la position du tombeau en 1797. « Elles sont
désignées par un pavé qui porte *Hic jacet Montaigne*, et
qu'on a mis, lorsque ce sarcophage, d'abord élevé au-dessus,
fut transporté au fond de la chapelle la plus voisine du grand
autel, du côté de l'Évangile. Alors on enleva l'inscription
grecque qui se trouvait adossée au mur ».

En 1800, on voulut honorer la mémoire du philosophe,
en déposant ses cendres au Musée. Une cérémonie eut lieu
dans ce but le 23 Septembre de cette même année (2). Mais,

---

(1) On sait que le signe CIↃ n'est qu'une déformation de la let-
tre M, initiale du mot *mille*, et de même que IↃ n'est autre chose
que le D, significatif de *cinq-cents* ; qu'enfin VIII C indique qu'il
faut distraire le chiffre VIII (8) de la centaine C,

et qu'ainsi ces trois formes :
$\left\{ \begin{array}{l} \text{CIↃ IↃ VIIIC} \\ \text{M D C-VIII} \\ \text{1 5 92} \end{array} \right\}$
sont identiques.

(2) On possède : *Discours prononcé dans la cérémonie de la
translation des cendres de Michel Montaigne*, par Lamontagne
(Pierre), le 1er Vendemiaire an IX. — Bordeaux, Moreau, in-8.°.

trois ans après, la Société des Sciences, Belles-Lettres et Arts de Bordeaux reconnut dans sa séance du 16 Mai 1803, sur le rapport de M. Du Caila (1), qu'on s'était trompé de cercueil, que c'était celui de la dame De Lestonac, qui avait été transféré et sur lequel on avait placé dans le Musée le mausolée de Montaigne.

Joseph de Montaigne, « seul et unique rejeton de la famille de l'auteur des *Essais* », s'adressa à l'autorité le 21 Mai 1803, et demanda « à faire porter dans l'église du ci-devant monastère des Feuillants, aujourd'hui le Lycée, et dans le caveau de la première chapelle à droite en entrant, le cercueil de la dame de Lestonac, et à faire rétablir le mausolée de Michel de Montaigne dans la chapelle de la même église à gauche, la plus près de l'autel, non dans l'angle de ladite chapelle, mais *sur le caveau qui est au milieu*, et où reposent les cendres de ce philosophe » .

Le préfet de la Gironde accueillit cette demande par décision du 21 Juin 1803 (2); le rétablissement du mausolée eut lieu immédiatement après, et alors fut placée l'inscription suivante :

---

(1) Ce rapport n'a pu être trouvé dans les archives de l'Académie.

(2) Voici le texte de cet arrêté :

« Vu la pétition par laquelle le citoyen Joseph Montaigne expose qu'au lieu de transférer en l'an 9, de l'église des Feuillants, dans la salle des Sciences, Belles-Lettres et Arts les cendres de Michel Montaigne, auteur des *Essais,* on n'y transporta, par l'effet d'une méprise aujourd'hui avérée, que le cercueil de la Dame Lestonac, sur lequel on avait placé le mausolée de ce philosophe.

« Le pétitionnaire demande l'autorisation de faire reporter ce cercueil dans la chapelle d'où il fut tiré le 14 Juillet an IX, et de faire relever le mausolée de Montaigne sur le véritable tombeau de ce philosophe.

« Vu les observations fournies par la Société des Sciences, Belles-Lettres et Arts et le mémoire du citoyen Caila, un de ses

JOSEPHUS MONTANUS, MICHAELIS MONTANI ABNEPOS HOC
MONUMENTUM RESTAURAVIT AN. DOM. M DCCC. III.

Vers 1843, l'administration municipale de Bordeaux a fait
opérer une nouvelle restauration de ce mausolée. Voici en
quels termes M. le marquis de Lagrange apprécie ce travail
dans le *Bulletin archéologique publié par le Comité histori-*
que des arts et monuments (1846, p. 98). « M. de Lagrange
regrette vivement qu'au lieu de nettoyer le monument, de
le brosser et de le laver, on ait restauré, avec du ciment
moderne, avec du mastic de diverses couleurs. Ce tombeau
pouvait se passer parfaitement d'une restauration de ce genre;
on a eu le plus grand tort de refaire des moulures et des
ornements. Il faut plus de sobriété dans des travaux de cette
espèce. Du reste, M. de Lagrange ne peut pas apprécier, sur
la seule inspection du dossier qui lui a été remis, le mérite
et la nature des travaux qu'on a exécutés à ce tombeau. Il
prendra à Bordeaux même, connaissance de ces travaux, et
il en informera le Comité ».

Pilier séparatif de la première et de la deuxième chapelle
de gauche. — La face principale de ce pilier porte en incrusta-
tion une plaque de marbre noir sur laquelle on lit l'inscription
suivante qui révèle la sépulture qui eut lieu sur ce point :

---

membres, pièces d'où il résulte que le cercueil de Michel Montaigne repose encore dans un caveau situé sous une des chapelles de
l'église des Feuillants, aujourd'hui du Lycée.

« Considérant que la double demande formée par l'unique rejeton de cette famille est juste, et ne peut souffrir aucune difficulté;

« Considérant que les précieux restes de l'auteur des *Essais* ne
peuvent être placés convenablement que dans une maison publique
d'éducation, et dans le temple destiné aux exercices religieux des
élèves du Lycée;

LE PRÉFET DU DÉPARTEMENT DE LA GIRONDE, arrête :

ART. 1. « Il est permis au citoyen Joseph Montaigne, de faire

VIRTVTI ET MEMORIÆ

MARTINI DE HOVDAN DOMINI

DES LANDES AVORVM GENERE CLA^{ʀᴇ}

OB VITÆ PROBITATEM, MORVM

AFFABILITATEM, FIDEI INTEGRITATE

ANIMIQ. MAGNITUDINEM

FRANCISCO S. R. E. CARDINALI

DE SVRDIS AQVIT. PRIM. PRÆ

CÆTERIS SVIS AVLICIS VALDÈ SIBI

CVREQVE HOC MONVMENTVM

P. C.^{ʏᴛ} PIORVM PRECIBVS DEO

ANIMA ILLIVS COMMENDETVR

VIXIT AN. XXX OBIIT XVI SEPTEM

AN. 1618 IN PALATIO

ILLVST^{ᴍɪ} CAR.^{ʟɪs} QVI COS

DIE ANNIV. PERP. FVND.

Dans les armoiries sculptées au-dessus de cette inscription, on remarque une bande chargée de trois losanges.

Deuxième chapelle, à gauche. — Le 9 Mai 1604, les Feuillants avaient fait concession, pour le prix de 1,350 fr., à Messire Alphonse d'Ornano, maréchal de France et lieutenant du Roi, en Guienne, de ce sanctuaire avec le caveau voûté qu'il renfermait. Mais, en 1621, un nouvel acte porta

---

replacer le cercueil de la dame Lestonac, dans le tombeau qu'il occupait avant le 14 Juillet an 9. et de faire élever sur celui de Michel Montaigne, auteur des *Essais*, le mausolée qu'on y avait primitivement établi.

Art. 2. « Cette double opération se fera aux frais du pétitionnaire, suivant son offre.

Art. 3. « Elle se fera sous l'inspection de l'architecte de la Préfecture ».

Bordeaux, le 2 Messidor, an 11.

Le Préfet : Signé, DELACROIX.

renonciation de ce privilège; les 1,350 fr., prix de la
construction, restèrent dans les mains des Feuillants, qui,
en échange de cette somme, s'engagèrent à célébrer deux
messes annuelles. Peu de temps après, une nouvelle concession de ce caveau fut faite à la famille Leblanc, ainsi que la
preuve nous en est fournie par un acte du 18 Juin 1641,
par lequel le sieur Leblanc, secrétaire audiencier en la chan-
cellerie de Bordeaux, fait défense de laisser ouvrir la voûte
de la chapelle pour d'autres usages que pour y mettre les
corps des membres de sa famille.

Troisième chapelle, à gauche. — Le 4 Mai 1613, Antoine
de Roquelaure, chevalier de deux ordres du Roi, capitaine
de cent hommes d'armes de ses ordonnances, et lieutenant-
général pour Sa Majesté, en Guienne, attribua à ce sanctuaire
une somme de 1,500 fr. Mais aucun caveau funéraire n'avait
encore été établi. L'acte de concession passé le 4 Juillet
1627, en faveur du sieur Léon Guittard de Lescure, conseiller du Roi en la Cour du Parlement de Bordeaux, et dame
Suzanne de Lavergne, son épouse, leur permet « d'en jouir
comme fondateurs, avec droit d'y faire bâtir une cave de la
grandeur de ladite chapelle, pour leur servir de sépulture,
et au milieu de l'arceau par le dehors, faire graver leurs
armes et toutes autres marques de fondateur ».

Quatrième chapelle, à gauche. — Une concession datée
du 8 Décembre 1617, en attribue, pour le prix de 1,020 fr.,
la propriété, ainsi que celle du caveau, au sieur de Beissac,
qui pourra y faire placer ses armoiries. Cet acte fut passé
entre les Feuillants, d'une part, et, pour le compte du sieur
de Beissac, par Jacques Lecomte, seigneur, baron de La
Tresne, conseiller du Roi en la Cour, et président aux en-
quêtes d'icelle, et Messire Jean Lecomte, seigneur, baron
de La Chavine, Champaigné, Navarre, Beissac et autres
places, héritiers de feu Messire Savran Lecomte, trésorier
de France en la généralité de Guienne, sieur de Naujac.

Première chapelle, à droite. — Le titre de fondation de cette chapelle et le droit de sépulture furent concédés le 30 Septembre 1610, moyennant la somme de 1,350 fr., à Paul Leclerc, avocat au Parlement de Bordeaux, et procureur syndic de la ville. Trois ans après, c'est-à-dire le 25 Mars 1613, Bernard Leclerc, fils du précédent, légua aux Feuillants, une somme de 2,000 fr. pour augmenter la dotation de ce sanctuaire.

Seconde chapelle, à droite. — La même concession fut faite pour le même prix, le 20 Décembre 1612, à Jean de Briet, conseiller à la Cour du Parlement de Bordeaux, et à dame Anne de Beaulieu, son épouse.

Troisième chapelle, à droite. — Le droit de faire construire ce sanctuaire fut accordé « moyennant la somme de 900 livres tournoises prix de la bâtisse », le 21 Mars 1614, à demoiselle Jeanne Davrerac, V°. de sieur Antoine Dusolier, avocat au Parlement, et au sieur Pierre Dusolier, son fils. L'acte de concession nous apprend en outre que le sieur Dusolier père avait été inhumé, selon sa volonté, dans cette église, « au devant et proche la chaire d'icelle », et que François et Antoine Dusolier, ses enfants, étaient religieux Feuillants.

Quatrième chapelle, à droite. — La permission de faire édifier ce sanctuaire et son caveau fut signée le 10 Octobre 1643, en faveur de la dame Marie de Briand, V.° du sieur Guy de Lestonnac, seigneur du Parc, conseiller au Parlement de Bordeaux ; elle fera mettre, partout où elle le jugera à propos, ses armes qui sont : *D'azur à un chevron d'or accompagné de trois colombes d'argent rangées en triangle, deux en chef et une en pointe.*

Cette chapelle sera placée sous le vocable de la Vierge Marie, mère de Dieu ; une somme de 600 fr. sera affectée à sa décoration, et sa dotation sera de 2,400 livres.

— Bien d'autres parties de l'église avaient reçu, comme les chapelles, des sépultures, mais auxquelles n'étaient pas attachées des redevances d'un prix aussi élevé, parce qu'elles n'entraînaient pas avec elles la nécessité de constructions dispendieuses. Nous n'énumérerons pas tous les actes de cette nature qui sont sous nos yeux; mentionnons seulement le transfert des restes de la demoiselle D'Orgier, qui eut lieu le 7 Novembre 1623, de la vieille chapelle dans la nouvelle, vis-à-vis le crucifix (Prix 200 liv.); la fondation de la sépulture Dubernet (24 Mars 1609), près la 2.ᵐᵉ fenêtre du côté de la rue Saint-Antoine, etc.

Enfin, à une époque assez récente, un homme, dont nous avons cherché à relever, non sans doute le génie, ni même la vaste érudition, mais le savoir modeste, et les vastes et consciencieuses recherches sur notre pays, l'abbé Baurein (1), qui mourut le 23 Mai 1790, à l'âge de 76 ans, voulut être inhumé aux Feuillants.

« Pour prix de cette faveur, dit M. Bernardeau, il laissa à cette maison ses livres; un de ses manuscrits existe à la Bibliothèque publique » (2). « Un grand nombre de ses notes, disait en 1805 le même écrivain, sont dans nos mains, et nous en avons fait usage dans les ouvrages que nous avons publié (3) ».

_____

(1) L'*abbé Baurein*, *sa vie et ses écrits*.— Un vol. in-12, 1845. Bordeaux, chez Th. Lafargue, imprimeur.

(2) *Antiquités Bordelaises*, pag. 367. — Bordeaux, Moreau, 1797, in-8°.

(3) *Bulletin polymathique*, 1845, pag. 106. Du rapprochement de ces deux phrases, on ne saurait conclure que ce sont les notes laissées aux Feuillants qui sont passées dans les mains de M. Bernadau, puisque ces deux citations proviennent d'ouvrages différents. De quoi sont donc devenues ces notes? c'est ce que l'on ignore. Mais il est toujours certain que les mémoires déposés à la Biblio-

3.º **Monastère des Feuillants; leur Bibliothèque.**

Les bâtiments claustraux des Feuillants, qui subsistent encore aujourd'hui, remplacèrent, vers le milieu du XVIII.ᵉ siècle, des constructions plus anciennes. Les Jurats en posèrent la première pierre le 26 Août 1741. Cette maison est composée d'un corps de logis entre deux ailes, le tout à trois étages sur rez-de-chaussée. Un parterre avait été pratiqué dans l'espace rectangulaire existant entre les trois corps de

---

thèque publique de Bordeaux ne proviennent pas de cette source ; ceux-ci fesaient partie des archives de l'Académie de Bordeaux, dont Baurein était membre, et à laquelle il communiquait régulièrement ses recherches ; les pièces déposées aux archives du département ou à celles de la ville, n'ont pas non plus cette origine. Ainsi nous sommes sans renseignements précis sur le sort de ces notes léguées aux Feuillants. Tombées dans les mains de quelque compilateur, elles lui permettront, si déjà la chose n'a eu lieu, de se donner, à bon marché, le mérite d'une érudition qu'il dira sans doute puisée bien laborieusement aux sources. Des exemples de tels faits ne seraient pas bien difficiles à trouver ; ils abondent, surtout à l'endroit de ce même Baurein.

Nous devons saisir cette occasion pour compléter la liste que nous avons donnée des productions de cet auteur estimable. Ainsi, les archives départementales mentionnent deux répertoires non inventoriés par nous, mais qui sont inachevés, et dont le peu d'étendue rend même l'importance fort minime. En voici les titres :

1.º *Registre contenant le détail des affaires concernant la commanderie du temple de Bordeaux pendant l'administration confiée au sieur Baurein, prêtre, par M. le bailly de Fleury, commandeur du temple en la présente année* 1758.

(Dix feuillets seulement sont de l'écriture de Baurein).

2.º *Inventaire des anciens sacs de procès trouvés dans les archives de l'Intendance, qui ont été inventoriés et mis en ordre par les soins et les attentions de Monseigneur d'Esmangard, intendant en la généralité de Bordeaux,* 1773.

construction. Cet ensemble avec ses dépendances couvrait
une surface de trois journaux.

« La maison, porte un procès-verbal dressé par la munici-
palité de Bordeaux le 23 avril 1790, peut contenir vingt-
deux religieux. Indépendamment des cellules faites pour les
loger, il y a encore neuf chambres d'infirmerie, trois salles,
la plus grande ornée d'une boiserie et de trois tableaux, les
deux autres aussi boisées. Il y a deux réfectoires qui sont
boisés, avec des armoiries dans les murs, dans le plus grand.
Il y a plusieurs caves à contenir cinquante tonneaux de vin,
et la provision ample de bois à brûler pour la maison. Au-
dessus des cellules sont des galetas et des logements pour les
domestiques ».

Une déclaration du prieur des Feuillants, faite en Décembre 1789 devant l'Assemblée nationale, mentionne « quinze
maisons en ville, toutes sises dans l'arrondissement du monastère, parmi lesquelles deux faisaient autrefois partie du
domaine des Antonins, et servaient d'hôpital aux atteints
du feu de Saint-Antoine, cinq à la suite de l'église Saint-
Antoine, lesquels les Feuillants bâtirent sur un terrain ac-
quis, et les autres achetés à divers particuliers.

» La bibliothèque, récemment formée, est ornée, selon la
même déclaration, d'une jolie boisière contenant 723 volumes
grand in-folio, 420 volumes in-4.°, et 1,100 de différents
formats. Parmi ces ouvrages sont la *Bible de Calmet*, les
Conciles du père Labbe, le *Dictionnaire des Sciences*, de
Trévoux, le *Journal des Savants*. Il y a en outre quarante
manuscrits environ, ayant trait à des sujets de morale, de
théologie, de physique, plus Rymer, Ducange.

» Comme les archives sont très-volumineuses, et qu'il
n'y a que peu d'années qu'on travaille à les mettre en ordre,
les Feuillants osent espérer de l'Assemblée nationale qu'elle
voudra bien se contenter du serment que le Syndic est prêt à

faire pour preuve de sa fidélité et exactitude à les conserver, y ayant en outre un répertoire général de tous les titres et documents des archives, lequel est grand in-folio, épais de six pouces, contenant cinq cents feuillets ».

M. Bernadau nous a aussi conservé quelques notes sur cette bibliothèque : « Elle était petite, dit-il, mais bien choisie. On y voyait un *bréviaire* manuscrit du XIII.e siècle et une *Cité de Dieu*, sur vélin, édition de Rome, faite dans les premiers temps de l'imprimerie. Les capitales en sont faites en lettres peintes et avec des vignettes très-curieuses. Il y avait aussi un Montaigne avec des additions M. S. de l'auteur, et qui ont servi à l'édition de 1635 ». On aurait pu ajouter, et à l'édition publiée en 1802, par Naigeon, l'encyclopédiste. Ce manuscrit, qui avait été donné aux Feuillants par M.me de Montaigne, lorsqu'elle fit élever le mausolée du philosophe, fait aujourd'hui partie de la bibliothèque de la ville de Bordeaux. Là, un relieur barbare a fait disparaître sous le couteau bon nombre de fragments qui rendent aujourd'hui douteux le sens de certaines variantes. On se convaincra cependant de la valeur que présente toujours ce volume, en lisant les *leçons inédites recueillies par un membre de l'Académie de Bordeaux* (M. G. Brunet), sur ce manuscrit, cet écrivain fait très-bien ressortir tout ce qu'offrent de défectueux les éditions de 1635 et de 1802, et l'intérêt qui s'attacherait à une nouvelle édition exécutée avec le respect religieux que-doivent inspirer le nom et les écrits de Montaigne.

4.° INSTALLATION DU LYCÉE

dans l'ancien monastère des Feuillants.

Les cendres de Montaigne avaient suffi pour donner à ce lieu une sorte de consécration littéraire : le dépôt des restes de plusieurs familles distinguées de Bordeaux, dont quelques-unes comptaient des membres remarquables par leur savoir et leur piété, tels que Florimond de Raymond et Baurein, semblaient encore se réunir pour désigner ce lieu comme devant être le sanctuaire de l'étude et de la méditation. Nul bâtiment ne pouvait donc être mieux choisi pour devenir le Lycée impérial, et plus tard le Collège royal de Bordeaux. Ce n'était que continuer en quelque sorte sa première destination ; et ce sera aussi pour nous, achever le travail que nous avons entrepris sur le monastère Saint-Antoine des Feuillants, que rappeler les premiers jours où il reçut cette destination nouvelle.

La loi du 11 Floréal an X (1.er Mai 1802) avait prescrit l'établissement de Lycées dans tout le royaume, pour l'enseignement des lettres et des sciences, et de nombreux actes administratifs furent rendus dans les années suivantes pour l'exécution de cette loi. A Bordeaux, la fermeture de l'école centrale, et l'institution du Lycée furent ordonnées par un arrêté du 24 Vendémiaire an XI (16 Octobre 1802) (1).

Le 5 Germinal an XI (26 Mars 1803), deux inspecteurs des études, MM. Despaux et Cuvier, arrivèrent à Bordeaux,

---

(1) *Extrait de l'arrêté des Consuls du 24 Vendémiaire an XI*
(16 Octobre 1802).

Article 1er. Dans le cours de l'an XI, il sera créé un lycée dans la ville de Bordeaux.

Ce lycée sera placé dans le local que les inspecteurs des études réunies au Préfet et au Conseil municipal jugeront convenable.

Art. 2. Les écoles centrales du département des Landes, de

pour procéder à l'organisation du Lycée, et le 8 Germinal, le Préfet invita les professeurs qui aspiraient à entrer dans le Collège, à venir subir un examen devant ces inspecteurs ; le 15 Brumaire an XII (7 Novembre 1803) eut lieu l'ouverture des classes.

Pour donner au nouvel établissement un développement convenable, on réunit l'ancien couvent de la Visitation (1) au monastère des Feuillants ; et le 17 Vendémiaire an XII (10 Octobre 1805), on commença à pratiquer un passage sous la rue Saint-Antoine pour lier les deux bâtiments. Un second arrêté du Gouvernement du 9 Frimaire an XII (1.er Décembre 1830), sanctionna la réunion du bâtiment de la Visitation à celui des Feuillants. Le même acte statua que l'ancien Collège de Guienne, qui avait reçu l'école centrale et qui était alors sans destination, servirait à la loterie. Dès-lors le lycée impérial fut constitué : encore quelques années, et l'Université impériale sera organisée ; notre tâche est accomplie.

Confié à cette garde, le mausolée de Montaigne n'aura plus à souffrir de nouvelles violations. Il sera défendu contre

la Gironde et de Lot-et-Garonne seront fermées à dater du 1er. Germinal.

....

Art. 6. La Commission fera les dispositions préparatoires, soit pour le local, soit pour l'organisation du lycée ; elle interrogera les professeurs des écoles centrales et tous les citoyens qui se présenteront de quelque département qu'ils soient ; elle enverra au Ministre de l'intérieur son rapport et ses propositions de nomination en nombre double, conformément à l'article 19 de la loi du 11 Floréal an X.

Art. 9. Le Ministre de l'intérieur désignera trente élèves du Prytanée de Paris, qui seront transférés et rendus le 1er Germinal au lycée de Bordeaux.

Fondé en 1635.

l'indifférence et l'oubli, en même temps que contre les exagérations philosophiques et les passions populaires. Puisse en retour la grande ombre de philosophe déverser, sur la jeunesse qui l'abrite quelques reflets de cette liberté et de cette indépendance de principes, qui, si elles ne sont la sagesse même, sont au moins le chemin de la sagesse ! N'oublions pas d'ailleurs qu'avant d'être le génie du célèbre Périgourdin, c'était là le génie de l'Aquitaine et des écrivains de Burdigala. Montaigne s'était abreuvé à pleins bords à ces sources fécondes. Cette verve facile, cette emphase profonde et pittoresque tout à la fois qui le font comparer par un grand maître (1), à Ovide et à Lucain, ce sont là précisément les caractères des écrits d'Ausone. Ausone était chrétien (2); mais son imagination payenne célèbre toujours les divinités de l'olympe. Montaigne était catholique; mais le vent glacé de la Réforme a soufflé sur toutes ses pages (3). C'est que ce scepticisme est un des traits du génie gascon, de ce génie dont Montaigne, comme Ausone, fut un des plus fidèles et des plus illustres représentants, et qui ne manquera'jamais de briller, dès la première aurore, à chaque époque de rajeunissement du langage.

---

(1) M. Villemain.

(2) Nous savons que M. l'abbé Souiry, curé de l'église Sainte-Eulalie à Bordeaux, a soutenu récemment le paganisme d'Ausone dans un feuilleton du journal *la Guienne*; nous avons relu à ce sujet ce qu'ont écrit MM. de la Bastie, Dom Devienne, l'abbé Souchai, Ampère, Rabanis, Demogeot, Corpet, Ch. Lebas; et nous pensons, avec la grande majorité de ces critiques, qu'Ausone avait reçu le baptême.

(3) M. Louis Blanc, dans son premier volume de *l'Histoire de la Révolution française*, est un des auteurs qui ont le mieux fait ressortir ce caractère des écrits de Montaigne. Mais c'est là le cachet du temps, qui n'infirme en rien la gloire de notre philosophe.

BORDEAUX. IMPRIMERIE DE TH. LAFARGUE, LIBRAIRE.

www.ingramcontent.com/pod-product-compliance
Lightning Source LLC
LaVergne TN
LVHW022036080426
835513LV00009B/1077